GALERIE UNIVERSELLE

DES HOMMES QUI SE SONT ILLUSTRÉS

DANS L'EMPIRE DES LETTRES;

DES GRANDS MINISTRES;

DES HOMMES D'ÉTAT LES PLUS DISTINGUÉS,

ET DES FEMMES CÉLÈBRES,

Depuis le commencement du Monde jusqu'à nos jours;

Ornée de leurs Portraits:

DÉDIÉE ET PRÉSENTÉE AU ROI.

Prix 4 livres.

Nº. 65 44

C'est en les comparant qu'on peut mieux les connoître.

A PARIS,

Chez { L'AUTEUR, M. le Comte DE LA PLATIERE, en son Hôtel, rue Meslé, nº. 58.
GODEFROY, Libraire, Quai des Augustins.

M. DCC. LXXXVIII.

Avec Approbation, & Privilége du Roi.

GALERIE
UNIVERSELLE.

A MESSEIGNEURS

LES MARÉCHAUX

DUC DE NOAILLES

ET

DUC DE MOUCHY,

CHEVALIERS des Ordres du Roi, &c. &c. &c.

MESSEIGNEURS,

LE Grand Homme dont j'ai l'honneur de vous dédier la Vie, fut tout à la fois intrépide dans les combats & ſage dans les conſeils : courtiſan ſans bornes, on le vit ſans envie l'ami de ſon Roi & le protecteur des gens de bien. Héritiers de sa gloire & de sa noble urbanité, je devois, MESSEIGNEURS, *vous faire l'hommage de ma vénération profonde pour lui : rien n'y peut être comparé que le respect infini avec lequel je suis,*

MESSEIGNEURS,

Votre très-humble & très-obéissant serviteur,
LE COMTE DE LA PLATIERE.

Dessiné et gravé par S. L. Allais.

ADRIEN-MAURICE, MAR^AL DUC DE NOAILLES

GALERIE UNIVERSELLE.

LE MARÉCHAL DE NOAILLES.

> Noailles pour son Roi plein d'un amour fidele,
> Voit la France en son Maître, & ne regarde qu'elle.
> VOLT. *Poëme de Fontenoi.*

ADRIEN-MAURICE, DUC DE NOAILLES, Pair & Maréchal de France, Grand d'Espagne de la premiere Classe, Chevalier de l'Ordre du Roi & de la Toison d'Or, premier Capitaine des Gardes-du-Corps, & Gouverneur de la Province du Roussillon, naquit à Paris en 1678, d'Anne-Jules de Noailles, Pair & Maréchal de France, & de Marie-Françoise de Bournonville. Il étoit le cinquieme de vingt-un enfans.

Avoir des ancêtres illuſtres, c'eſt contracter avec l'Etat l'obligation de le devenir ſoi-même. Le Duc de Noailles ſentit dès ſa plus tendre jeuneſſe la néceſſité que lui impoſoit le mérite de ſes aïeux : & pouvoit-il mieux faire que de les imiter ! Leurs vertus & leurs talens lui offroient des modeles dans tous les genres.

Dès l'an 1023, les Seigneurs de Noailles avoient déjà donné des preuves de cette généroſité qui eſt devenue une vertu héréditaire dans cette maiſon. Hugues de Noailles, Chevalier (on ſait ce que c'étoit alors qu'un Chevalier), entreprit avec Louis IX le voyage de la Terre-Sainte ; il mourut dans cette expédition, & mérita d'être regretté d'un grand Roi.

On vit depuis ſucceſſivement Louis de Noailles ſe diſtinguer à la bataille d'Aignadel ; Antoine ſon fils marcher ſur les traces de ſon pere à celle de Ceriſolles, & Henri de Noailles ſe couvrir de gloire dans les champs de Rocroi, où il perdit la vie.

Auſſi féconde en politiques qu'en guerriers, la maiſon de Noailles doit ſur-tout ſe glorifier d'avoir produit François, Evêque d'Acqs, tour-à-tour Ambaſſadeur à Rome, en Angleterre, à Veniſe & à Conſtantinople. Il ſe rendit recommandable dans chacune de ces Ambaſſades, & mérita d'être compté parmi les plus grands négociateurs de la France. Tels furent les perſonnages dont le Duc de Noailles réunit à la fois & les vertus & les talens.

Il eſt rare qu'un beau jour ne ſoit pas précédé d'une aurore brillante. Le Duc de Noailles qui porta quelque temps le nom de Comte d'Ayen, annonça, dès qu'il put s'exprimer, les diſpoſitions les plus heureuſes : il n'eut de l'enfance que ce qu'elle offre d'aimable.

La nature avoit fait en faveur du Duc de Noailles des efforts prodigieux ; mais il falloit les ſeconder. Son pere, auſſi éclairé que vertueux, s'empreſſa de faire éclore mille qualités, dont le germe paroiſſoit ſi fécond. Mais en aidant la marche du génie de ſon fils, il eut ſoin de ne pas la forcer.

De l'éducation du cœur dépend eſſentiellement celle de l'eſprit. On commença par donner au Duc de Noailles des leçons de bienfaiſance & d'humanité. Il fut facile de les lui faire aimer, en lui remettant ſous les yeux les actions de ſon pere & les vertus du Cardinal de Noailles ſon oncle. Des mœurs pures & auſteres, une piété guidée par la raiſon, beaucoup d'éloignement pour le faſte, de douceur dans le caractere, d'affabilité pour ceux qui avoient recours à lui, de charité pour les pauvres; enfin, d'attention à maintenir la diſcipline eccléſiaſtique, tant par ſes exemples, que par les excellens réglemens qu'il fit, avoient rendu ce Prélat digne d'occuper le premier ſiege du royaume.

Deſtiné, par ſa naiſſance, à remplir les emplois les plus importans, le Duc de Noailles ſe prépara de bonne heure à les mériter. Ce fut dans la retraite & loin de toute eſpece de plaiſirs, qu'il s'inſtruiſit à la fois de tout ce qui peut contribuer à former l'honnête homme & l'homme d'Etat. Il ne négligea pas non plus les connoiſſances de l'homme aimable. L'étude des belles-lettres & des arts agréables lui ſervoit de délaſſement au milieu de ſes occupations ſérieuſes. Il croyoit, avec raiſon, que l'art de penſer ne doit point exclure l'art de plaire.

Après avoir paſſé les premieres années de ſa jeuneſſe dans les exercices les plus utiles, le Duc de Noailles ſe montra ſur la ſcêne du monde; il en connoiſſoit les écueils, il ſut les éviter. Réuniſſant aux lumieres de l'âge mûr les dehors ſéduiſans du ſien, il ne parut à la Cour brillante de Louis XIV, que pour en faire l'ornement & l'admiration. Son mérite, joint à la faveur du Prince, auroit dû ſuſciter l'envie contre lui; ſes manieres obligeantes & ſa modeſtie lui firent trouver des amis juſques dans ſes rivaux.

Bientôt le moment arriva où le Duc de Noailles devoit mettre en action les principes de ſon éducation. Son pere eſt appellé en Catalogne pour faire le ſiege de Roſes : à peine âgé de quinze ans, il vole ſur ſes pas. La fatigue n'eſt pour lui qu'un jeu ; ſon courage lui prête des forces. Roſes eſt priſe preſqu'auſſi-tôt qu'attaquée ; & ce ſuccès devient en partie ſon ouvrage.

La campagne ſuivante fut encore plus glorieuſe pour lui : le Maréchal de Noailles, en dirigeant l'attaque de Palamos, de Gironne, d'Oſtalric & de Caſtel-Follit, & en moiſſonnant des lauriers ſur les rives du Ter, ne trouva pas moins de reſſources dans le bras de ſon fils que dans celui du ſoldat le plus aguerri. Telles furent les premieres leçons que reçut, ou plutôt que donna le Duc de Noailles ſous les ordres de ſon pere. Le Duc de Vendôme, digne par ſes talens & ſon humanité d'être le petit-fils de Henri IV, fut un des modeles qu'il ſe propoſa par la ſuite.

La bravoure du Duc de Noailles avoit commencé ſa réputation : ſa prudence, dans un âge où l'indiſcrétion paroît ſouvent un mérite, ne fit que l'affermir. Louis XIV, qui avoit le coup-d'œil juſte, ſut apprécier de bonne heure tout ce qu'il valoit, & ſe réſerva de l'employer dans les circonſtances les plus délicates. L'occaſion ne tarda pas à s'en préſenter. Le Duc d'Anjou étoit ſur le point d'aller, ſous le nom de Philippe V, occuper le trône d'Eſpagne, auquel le teſtament de Charles II l'avoit appellé. Il entroit dans les vues de la Cour de France de connoître les véritables ſentimens de la Nation Eſpagnole pour le nouveau Roi ; le Duc de Noailles fut regardé comme l'homme le plus propre à les pénétrer. Parmi pluſieurs Seigneurs François deſtinés à embellir la Cour du jeune Monarque, on le choiſit pour être le dépoſitaire des ſecrets de l'Etat. Sa conduite ne mit point en défaut la confiance de Louis : occupé en apparence de fêtes & de plaiſirs, il n'eut jamais l'air moins obſervateur que quand il obſerva davantage. Les Eſpagnols ne pouvant préſumer que la politique eût emprunté les traits de la jeuneſſe & de la diſſipation, ne penſerent point à ſe déguiſer, &, pour la premiere fois peut-être, ſe laiſſerent deviner. Le Duc de Noailles ſut adroitement profiter de leur bonne foi pour approfondir leur génie, ſaiſir leur caractere, leurs mœurs & leur façon de penser, & découvrit qu'en effet *il n'y avoit plus de Pyrénées.*

Mais, quelque sincere que pût être alors l'attachement des Espagnols pour la France, il eût peut-être été plus avantageux pour elle qu'une si belle union ne se fût point formée. En excitant l'envie de toute l'Europe, elle lui suscita la guerre la plus malheureuse, quoique la plus juste, que Louis le Grand eût jamais essuyée. Déjà l'incendie commençoit à s'allumer de toutes parts : déjà l'Empereur, l'Angleterre & la Hollande venoient de se liguer contre les deux Rois alliés. Le Duc de Noailles, qui cessoit d'être nécessaire en Espagne, abandonne Madrid, & se rend en Allemagne à la tête de son régiment. La bataille de Frédelinghen, gagnée par le Maréchal de Villars, devient pour Adrien une nouvelle source de gloire.

Les entreprises difficiles lui furent toujours réservées. Louis XIV apprend que les Catalans se sont révoltés : Noailles est rappellé de l'Allemagne pour aller commander en Chef dans le Roussillon les troupes qu'on y faisoit marcher. Jamais Général ne se vit dans une position plus critique : obligé de soutenir à la fois les intérêts de deux puissances, dont il ne recevoit que de foibles ſecours; & retranché dans un pays ravagé & dénué de toute eſpece de reſſources, le Duc de Noailles trouva le moyen de faire ſubſiſter ſon armée, d'augmenter le nombre de ſes troupes, & de triompher des rebelles. Ce fut pendant le cours de cette expédition qu'il s'empara de Puy-Cerda & de toute la Cerdagne, & qu'il y fit conſtruire une citadelle aux dépens de cette Province.

On voit preſque toujours les événemens malheureux ſe ſuccéder: Adrien eſt vainqueur des Catalans; mais un ennemi plus redoutable menace ſa patrie. L'Anglois a fait deſcendre dans le port de *Cette* une flotte conſidérable, & ſeme l'épouvante dans le Languedoc & dans la Provence. Cette nouvelle parvient au Duc de Noailles: ſans autres ordres que ceux qu'il reçoit de ſon zele, il raſſemble ſes troupes, quitte la Catalogne, vole à l'ennemi, le joint, le combat & le force de ſe rembarquer. De pareils traits n'ont pas beſoin d'éloges.

Les revers que la France éprouvoit alors, & qui n'avoient d'autre cauſe que l'élévation de Philippe V ſur le trône d'Eſpagne, commençoient à faire repentir Louis XIV de l'y avoir placé: il ſe repentoit davantage encore

encore d'avoir voulu l'y maintenir. Peu s'en fallut que l'aïeul ne se crût forcé, par le conseil de quelques Ministres, à fournir des secours pour faire détrôner son petit-fils. Le Duc de Noailles, dont le génie pénétrant savoit tout prévoir, sentit & fit sentir au Monarque François les suites humiliantes d'une pareille conduite. Il parla avec chaleur; la fierté de Louis se réveilla; & la France conçut, pour la seconde fois, le projet d'être l'appui du Roi d'Espagne.

Philippe, redevable de son trône au Duc de Noailles, ne tarda pas à lui avoir de nouvelles obligations. Personne n'ignore la prise de Gironne; elle influa trop alors sur les affaires du temps, pour qu'elle ne soit pas consacrée dans les Fastes de la nation. Il est peu d'exemples d'une bravoure semblable à celle que montra le Duc de Noailles dans cette occasion. Tout paroissoit s'opposer à ses desseins; la saison étoit rigoureuse; & pendant que son canon foudroyoit les murs des ennemis, des pluies considérables inondoient les travaux, & des débordemens continuels interrompoient la communication des quartiers; la nature, en un mot, sembloit avoir conspiré contre le Duc de Noailles. Aucun obstacle ne l'étonne, il les franchit tous; la place attaquée vivement est emportée d'affaut; & le fier Catalan foumis, rentre enfin fous l'obéiffance de fon maître. Le foldat victorieux eft prefque toujours cruel : les troupes du Duc de Noailles, en entrant dans la ville, vouloient févir encore, & faire fupporter aux vaincus toutes les horreurs de la victoire. Adrien les retint, & fe fit plus d'honneur de fa clémence que de fon triomphe. Tel fut l'événement qui affermit de plus en plus le trône de Philippe, & prépara la paix qui fut affurée à l'Europe par le fameux traité d'Utrecht.

Il eft des fervices que les Souverains font dans l'impuiffance d'acquitter; ceux que le Duc de Noailles rendit au Roi d'Efpagne, étoient de cette nature : auffi Philippe, en lui accordant la *Grandeffe*, prétendit moins le récompenfer que lui donner un gage de fon eftime & de fa reconnoiffance. Il étoit revêtu de cette dignité lorfqu'il revint en France. Louis XIV, qui revoyoit en lui le foutien de deux couronnes, le reçut avec tranfport, le combla de bienfaits, & lui donna bientôt de nouvelles marques de confiance. Noailles avoit dans le génie des reffources infinies : il fut un de ceux à qui le Roi s'adreffa pour réparer les torts que la guerre avoit caufés; mais ce Prince n'eut pas le temps de profiter de fes confeils; la mort l'enleva lorſqu'il s'occupoit ſérieuſement des moyens de faire le bien de ſon royaume.

Un foible enfant lui ſuccédoit; & cependant l'Etat étoit accablé de dettes; le commerce languiſſoit; la campagne reſtoit ſans culture, & toute eſpece de circulation étoit interceptée. Quelques particuliers, abreuvés du ſang de la patrie, poſſédoient ſeuls des richeſſes immenſes, & voyoient d'un œil ſec couler les larmes des malheureux. Telle étoit la ſituation de la France, lorſque Philippe d'Orléans prit en main les rênes du Gouvernement. Le Régent, capable en même temps de concevoir de grands projets & de les exécuter, s'empreſſa de faire ceſſer les ſecouſſes violentes qui ébranloient l'Etat: mais pour y parvenir, il falloit des forces réunies; les remedes devoient être ſans nombre comme les maux.

Il eſt impoſſible que celui qui gouverne agiſſe toujours par lui-même : ſon grand art eſt de ſavoir choiſir des hommes qui puiſſent le ſeconder dans ſes opérations. Cet art étoit celui de Philippe. Noailles, par ſes lumieres & ſon intégrité, méritoit d'être aſſocié à ſes travaux : il le fut; & quand on établit un Conſeil des Finances, il en fut nommé Préſident. Il ſe crut dès-lors obligé de s'inſtruire de plus en plus dans une partie, dont le mauvais état avoit besoin d'une prompte guérison. C'étoit de lui qu'on l'attendoit : mais il ne voulut l'entreprendre qu'après avoir remonté jusqu'à l'origine de nos maux : plus d'une cause les avoit produits. Une multitude d'emprunts, d'impositions & d'Offices de toute espece nouvellement créés, des monumens élevés au faste & à l'ostentation, des guerres multipliées, la révocation de l'Edit de Nantes, qui, en ôtant à la patrie des citoyens, lui enlevoit en même temps une foule de personnages illustres & d'artistes utiles ; enfin, l'excessive fortune & l'avidité des traitans qu'on laissoit s'engraisser aux dépens du Public, sous le prétexte qu'ils pouvoient devenir nécessaires dans des momens urgens ; telles étoient les sources malheureuses du dépérissement de nos finances.

Ce fut dans une Assemblée extraordinaire, tenue en 1717, où Philippe convoqua tous les Grands de l'Etat, que le Duc de Noailles présenta avec force les différens abus qu'il venoit de découvrir, & qu'il proposa les moyens de les détruire : il y porta, le même jour, les vœux de la nation, en demandant que la taille réelle fût substituée à l'arbitraire. On applaudit généralement à un projet conçu par la vertu, pour le bien de l'humanité. L'Abbé de Saint-Pierre, connu si avantageusement par ses Annales politiques, lui en avoit fourni l'idée.

Le Duc de Noailles ne quitta la Présidence des Finances que pour accepter une place de Conseiller au Conseil de Régence. Le Cardinal Dubois fut aussi admis à ce Conseil. Le jour qu'il y fut introduit par le Régent, les Ducs & les Maréchaux de France, à qui il contestoit le droit de préséance, ne voulurent point s'y trouver. Le Duc de Noailles l'ayant rencontré, lui dit : *Cette journée sera fameuse dans l'Histoire, Monsieur ; on n'oubliera pas d'y marquer que votre entrée au Conseil en a fait déserter tous les Grands du Royaume.*

Les finances paroissoient alors se rétablir, & la France commençoit à oublier ses revers & à jouir de quelque tranquillité, lorsqu'un événement imprévu vint à la fois renverser toutes les têtes & les fortunes. Le systême de Law fut cause d'une révolution si subite : il étoit spécieux & nouveau ; c'en étoit assez pour qu'il séduisît les François, dont la plupart ne savent rien approfondir, & n'aiment jamais que ce qu'ils ne connoissent pas. Les Grands, le Peuple & le Régent lui-même en parurent enthousiastes. Le preſtige avoit moins d'empire ſur l'eſprit du Duc de Noailles ; il blâmoit en ſecret ce que tout le monde admiroit hautement : bientôt il eut le courage de le dire, & l'exil fut la récompenſe de ſon zele.

Si ſa diſgrace étoit injuſte, elle fut utile à la Patrie. Il employa les loiſirs de ſa retraite à acquérir de nouvelles connoiſſances ſur la politique, l'hiſtoire & l'art difficile de la guerre où il ſe montra ſi ſupérieur. Sa préſence étoit trop néceſſaire à l'Etat pour qu'on ne s'apperçût pas promptement du tort que ſon abſence avoit fait. Il ne reſta dans ſon exil que le temps qu'il fallut pour laiſſer diſſiper l'ivreſſe : un rêve l'avoit cauſée, elle n'en eut que la durée. Law, preſqu'auſſi-tôt l'horreur que l'idole de la nation, fut obligé de quitter honteuſement un pays qu'il venoit de ruiner en voulant l'enrichir. Sa fuite amena le retour du Duc de Noailles.

Louis XV parvenu à la majorité, Philippe abandonna la Régence pour prendre le titre de premier Miniſtre, qui fut donné, à ſa mort, au Duc de Bourbon-Condé. Le Cardinal de Fleuri, homme d'une grande modération, ſuccéda à ce dernier. Enfin, après une paix de vingt années, pendant leſquelles chaque Puiſſance, qui avoit eu le temps de ſe repoſer de ſes fatigues, vit en même temps fleurir le commerce & les arts, la mort d'Auguſte II, Roi de Pologne, fit renaître dans l'Europe les malheurs & les diſſenſions inſéparables de l'humanité.

La guerre ne fut pas plutôt déclarée, que le Duc de Noailles ſe ſignala par de nouveaux exploits. On le vit bientôt en Allemagne, commandant ſous Berwick un corps ſéparé, prendre le fort de *Kell* & forcer les lignes *d'Etlingen*. Cette derniere action fut, peu de temps après, ſuivie du ſiege de *Philiſbourg*, où le Maréchal de Berwick fut tué. Ce Maréchal, auſſi brave Soldat que grand Capitaine, refuſa l'appartement du Duc de Noailles, qui lui avoit été offert à Verſailles dans le temps de l'exil de ce dernier.

Ce fut à *Philisbourg* que le Duc de Noailles obtint le Bâton de Maréchal de France. Toujours attentif à donner l'exemple de la ſubordination, il ne ſe fit aucune peine, malgré ſes grades militaires, de ſervir ſous les ordres du Maréchal d'Asfeld, ſon ancien. On lui donna, dans la même campagne, le commandement du haut & bas Rhin; il y affermit nos conquêtes, & contraignit l'ennemi d'abandonner la ville de *Worms*.

Un autre pays devint, l'année ſuivante, le théatre de ſa gloire. Ce ne fut pas ſeulement comme Général de nos troupes qu'il ſe diſtingua; ſes opérations, ſes manœuvres habiles, & le ſoin qu'il eut de ménager le ſang de nos ſoldats, en ménageant celui des ennemis, méritent ſans doute les plus grands éloges: mais ce qui doit à jamais éterniſer ſa mémoire, c'eſt la maniere adroite dont il ſut ſe comporter avec les Alliés; la conduite qu'il tint alors peut être regardée comme un chef-d'œuvre de politique. Les Cours de France, de Sardaigne & d'Eſpagne, unies entr'elles contre l'Empereur, furent diviſées dès le commencement de la guerre par des motifs d'intérêt; il eut l'art de les concilier. Cet événement qui nous rendit maîtres d'une partie de l'Italie, en faiſant perdre à Charles VI preſque toutes les poſſeſſions qu'il y avoit, fut terminé par le paix de Vienne en 1736. Il fut auſſi ſuivi de la réunion de la Lorraine à la Couronne.

Si la mort du Roi de Pologne avoit cauſé les plus grands troubles, celle de l'Empereur Charles VI, dernier Prince de la Maiſon d'Autriche, devoit produire un embraſement total. On vit bientôt la France, l'Eſpagne, la Baviere & la Saxe ſe donner des mouvemens pour faire un Empereur. La France, contre l'avis l'avis du Maréchal de Noailles, fit marcher des troupes en Allemagne en faveur de Charles de Baviere, qui fut élu Empereur ſous le nom de Charles VII, en 1741. Nos premiers efforts furent couronnés par des ſuccès en Baviere & en Bohême; mais qu'étoient ces ſuccès en comparaiſon des déſaſtres affreux qui les ſuivirent? Ils furent ſi grands que la retraite de Prague, à laquelle il n'y avoit pas lieu de s'attendre, nous parut alors auſſi avantageuſe, que dans un autre temps le gain d'une bataille conſidérable nous l'eût été.

Du fond de l'Autriche, la guerre fut tranſportée ſur les bords du Rhin. La France, que le Maréchal de Noailles avoit toujours ſauvée des criſes les plus dangereuſes, lui confia le commandement de l'armée qu'elle envoya dans la Baſſe-Alſace en 1743. Elle lui remit en même temps le plein pouvoir de traiter avec l'Empereur & tous les Princes de l'Empire.

Ce Général ſe montra, dans cette campagne, ſupérieur à lui-même, quoiqu'il n'y fût pas heureux. Il commença par s'en rendre le maître; & s'il ne fut pas victorieux, il fit au moins tout ce qu'il dut pour l'être. Ses diſpoſitions étoient telles, que l'Anglois poſté dans *Aſchaffenbourg*, ville ſituée ſur le Mein, ne pouvoit faire le moindre mouvement ſans ſe trouver enveloppé. Le Roi d'Angleterre lui-même ne pouvoit pas éviter d'être pris; mais comme il ne faut qu'un moment pour faire le ſuccès des choſes les plus déſeſpérées, il n'en faut qu'un auſſi pour faire évanouir les eſpérances les mieux fondées. Trop d'impatience cauſée par trop d'ardeur, dérangea les meſures du Maréchal de Noailles, & le plan le plus ſublime que Général ait jamais concerté. Un Officier Général, en abandonnant un poſte avantageux où il devoit reſter, commit une faute irréparable : les Anglois, qu'il tenoit en reſpect, trouverent bientôt le moyen de défiler en ordre de bataille. Bientôt le combat s'engagea près de *Dettingue :* & ce jour, que la France devoit compter au nombre de ſes inſtans les plus brillans, ne fut pour elle, par la multitude de braves Officiers qui périrent, qu'un jour de deuil & de conſternation. La perte des Officiers Anglois ne fut pas moins conſidérable que la nôtre. Le Comte de Stairs, Ecoſſois, & l'un des éleves du fameux Duc de Malboroug, commandoit l'armée des ennemis, & mérita d'être oppoſé au Maréchal de Noailles. Il diſoit, en parlant de la bataille : *Je penſe que les François ont fait une grande faute, & nous deux : la leur a été de ne ſavoir pas attendre ; les deux nôtres ont été de nous mettre dans un danger évident d'être perdus, & ensuite de n'avoir pas su profiter de la victoire.*

Après cette action, les deux Généraux se rencontrerent à Francfort, où ils se donnerent mutuellement des preuves de leur estime. Avant leur entrevue ils s'étoient déjà écrit plusieurs lettres. L'Empereur Charles VII se trouvoit alors dans cette ville : là, privé de ses Etats, accablé de revers, & détestant un titre qui n'étoit pour lui qu'une source de maux, il manquoit des moyens de faire subsister sa famille. Le Maréchal de Noailles, touché de son infortune, lui donna une lettre de crédit de quarante mille écus. Telle étoit la situation de la Majesté Impériale dans un pays qui lui appartenoit.

A-peu-près dans le même temps les troupes de Baviere vinrent se joindre à celles du Maréchal de Noailles. Un pareil secours lui étoit devenu d'autant plus nécessaire, qu'il avoit à la fois deux armées à contenir; l'une faisoit ses efforts pour entrer dans la Haute-Alsace, pendant que l'autre, composée des Alliés, se portoit du côté des Pays-Bas, dans le dessein de faire diversion. Le Maréchal de Noailles sut prendre des mesures si sages & se poster si avantageusement, qu'il rendit inutile, presque sans agir, les entreprises des deux armées. Ce fut par une opération aussi habilement combinée, qu'il termina cette campagne : la fin répondit au commencement.

La campagne suivante fut la premiere de Louis XV. Ce Prince, après avoir gagné le cœur de ses peuples par la douceur de son gouvernement, voulut rendre son nom formidable à l'Europe, en triomphant à la tête de ses armées. Secondé du Maréchal de Noailles, il part pour la Flandre; la victoire le précede, & la gloire le suit. Il se montre; & déjà *Ypres*, *Menin*, *Courtrai*, & plusieurs autres villes cedent à ses efforts.

Le Roi se disposoit à poursuivre le cours de ses conquêtes, lorsqu'il apprend à Dunkerque que Charles de Lorraine vient de passer le Rhin avec une armée de soixante mille hommes, & qu'il pénetre sans résistance dans l'Alsace. Les dangers qui menacent ce pays allarment sa tendresse : laissant au Maréchal de Saxe le soin de conserver ce qu'il vient de conquérir, il vole lui-même au secours de cette Province, & fait prendre les devants au Maréchal de Noailles. Le rendez-vous étoit à Metz : Louis y arrive le 5 du mois d'Août : le 7 il reçoit la nouvelle que le Prince de Lorraine abandonne l'Alsace. Déjà la joie commence à renaître dans tous les cœurs : mais bientôt le trouble lui ſuccede. Ce n'eſt plus l'ennemi que l'Alſacien redoute ; un autre ſoin l'afflige : il craint de perdre un Roi qui vient pour le ſauver ; & la France entiere partage ſa douleur.

Pendant que ces choſes ſe paſſoient, le Maréchal de Noailles, forcé par ſon devoir de s'éloigner de ſon maître qu'il laiſſoit expirant, pourſuivoit Charles qui ſe faiſoit admirer en ſe retirant. Il repaſſa le Rhin ſans eſſuyer le moindre échec. Mais ſi l'ennemi s'échappa, ce n'étoit point la faute du Maréchal de Noailles : les circonſtances mirent des entraves à ſon zele. Cependant un Sujet du Roi de Pruſſe ne craignit pas de l'accuſer de lenteur : un Mémoire détaillé de ce qu'il avoit fait heure par heure, juſtifia pleinement ſa conduite.

Ce ſeroit dérober une partie de la gloire du Maréchal de Noailles, que de paſſer ici ſous ſilence un trait qui doit faire époque dans ſon hiſtoire. Pendant que l'Angleterre, la Hollande & la Savoie réunies à l'Allemagne, combattoient contre nous, il engagea le Roi de Pruſſe, ſans que le Miniſtere en eût la moindre connoiſſance, à rompre ſon traité de paix avec la Reine de Hongrie, & à s'attacher aux intérêts de la France. Ce Prince, en attaquant l'Autriche, contribua beaucoup au ſuccès de nos armes en Flandre.

Le Roi commençoit alors à reprendre ſes eſprits, & ranimoit l'eſpérance des François. Ses premieres penſées furent pour le Maréchal de Noailles : *Ecrivez-lui de ma part*, diſoit-il au Comte d'Argenſon, *que pendant qu'on portoit Louis XIII au tombeau, le Prince de Condé gagnoit la bataille de Rocroi.*

Louis, à peine convaleſcent, voulut, avant de reparoître dans ſa Capitale, faire le ſiege de Fribourg. Toujours aidé du Maréchal de Noailles, il s'empara de cette ville en peu de temps; il revint à Paris après cette expédition. Les tranſports mêlés de joie & de tendreſſe avec leſquels on l'y reçut, lui firent éprouver que le plus grand bonheur d'un Souverain eſt d'être aimé de ſes Sujets.

Il n'eſt pas ordinaire de voir un courtiſan ſacrifier au bien de l'Etat ſes propres intérêts : le Maréchal de Noailles s'oublia ſouvent lui-même pour ne ſonger qu'à ſa patrie. La France lui étoit redevable de compter parmi ſes Héros le Maréchal de Saxe; c'étoit lui qui l'y avoit attiré, & qui lui avoit fait donner de l'emploi. Croyant reconnoître dans le Général

Saxon des talens ſupérieurs aux ſiens, il préféra de lui laiſſer commander les armées, à l'honneur de les commander lui-même. En 1745, on le vit à Fontenoi, en contribuant au gain de la bataille dont il avoit en partie tracé le plan, ſervir de premier Aide-de-Camp à ce Général étranger. Tant de magnanimité étoit faite pour être ſentie par le Maréchal de Saxe : elle excita ſa reconnoiſſance & ſon admiration, & fut pour deux Grands-Hommes l'occaſion de l'union la plus rare & la plus étroite.

Ce fut le 11 Mai que ſe donna cette fameuſe bataille. Le Maréchal de Saxe, épuiſé par une hydropiſie, n'ayant de libre que la tête, ſembloit hors d'état d'agir. Noailles mit ſa gloire à le ſeconder. La mort du Duc de Grammont ſon neveu, tué au commencement de l'action, preſque ſous ſes yeux, ne put rallentir un moment ſon zele. Il vit avec bien plus de douleur les périls du Roi, du Dauphin, de tout le royaume, lorſque la colonne Angloiſe parut invincible, & que le Maréchal de Saxe déſeſpéra preſque de l'arrêter; mais au milieu de ces périls, s'oubliant lui-même, il ne fut occupé que du ſalut de l'Etat. Enfin on ſe diſpoſe à une attaque mieux concertée que les précédentes. On imagine heureuſement de pointer quatre pieces de canon qui entament la colonne. La Maiſon du Roi fond ſur elle rapidement, pénetre, renverſe tout; & Louis XV remporte une victoire complette, après avoir donné des preuves de la plus conſtante intrépidité. Il fut bientôt maître de Tournai.

La journée de Fontenoi fut le terme des exploits & des travaux guerriers du Maréchal de Noailles. Quelque temps après cette bataille, Louis XV félicitant M. de Saxe ſur cet heureux événement, lui dit : « M. le Maréchal, vous gagnez plus à cette » guerre que nous tous; car avant vous étiez enflé » par tous les membres, & vous jouiſſez à préſent » de la meilleure ſanté ». Le Maréchal de Noailles, qui étoit alors préſent, répondit au Roi : *Il eſt vrai, Sire, que M. le Maréchal de Saxe eſt le premier homme que la gloire ait déſenflé.*

Je n'entre point dans les détails militaires, connus par d'autres ouvrages, & qui deviennent étrangers au mien. Le Maréchal de Noailles ne commandant plus, ne fournit plus de relations. J'obſerverai ſeulement que ſes principes de guerre étoient ſuivis par le Maréchal de Saxe, trop habile Capitaine pour ne pas conſulter la prudence dans toutes les entrepriſes.

Un

Mémoire de celui-ci, fait immédiatement après sa victoire, en offre une preuve intéressante. « Lorsque » l'on veut agir offensivement, dit le vainqueur de » Fontenoi, il faut être supérieur; & je ne puis » entreprendre que par la ruse, à moins de vouloir » tout mettre au hasard; ce qui ne convient que » dans des cas désespérés, tels que l'a été la bataille » de Fontenoi. Je m'apperçois avec peine que l'igno- » rance sur les choses de la guerre, l'envie de se » faire valoir par des projets hardis, dont peu de » gens connoissent la conséquence & les suites, » occupent depuis quelques jours les esprits dans » cette armée. Ils veulent que l'on marche en avant, » sans faire attention que nous laissons la citadelle » de Tournai avec une garnison derriere nous, en- » core moins que nous ne pouvons entreprendre » aucun siege, qu'il ne soit décidé quel parti M. le » Duc d'Aremberg (Général des Autrichiens) aura » pris. Cependant tout le monde veut marcher, tout » le monde veut aller; & cet enthousiasme qui est » contagieux, provient plus de l'envie de faire sa » cour & de se faire valoir, que de toute autre » cause ».

L'expérience prouva, comme nous l'avons vu

plus d'une fois, que le temps perdu en apparence à prendre de ſages meſures, eſt un temps gagné pour l'exécution. Gand, Oudenarde, Bruges, Dendermonde, Oſtende même, enfin Newport & Ath furent pris dans cette campagne, tant on ſut profiter de la victoire & de la terreur qu'elle avoit inſpirée aux ennemis.

Ne craignons pas de le dire : les grandes vertus, plus glorieuſes que les grandes conquêtes, doivent fixer davantage les regards de la poſtérité. Noailles, en ſacrifiant à la patrie & au Général toute jalouſie de commandement, toute paſſion de gloire perſonnelle, avoit mérité d'être mis en parallele avec les illuſtres citoyens de Rome & d'Athenes. Le Maréchal de Saxe ne mérita gueres moins d'éloge, en reconnoiſſant les obligations qu'il lui avoit. Répondant à une lettre de Noailles, pleine de louanges ſur ſa campagne : « C'eſt à vous, dit-il, que les » ſuccès ſont dus, n'ayant fait que ſuivre vos con- » ſeils : ainſi je vous prie de vouloir bien me traiter » avec plus de bonté ».

Cette union entre deux Généraux ſi reſpectables, & qu'on auroit cru devoir ſe brouiller par rivalité, produisoit une correspondance toujours utile aux affaires, quelquefois consacrée au sentiment.

Le Maréchal de Saxe étoit un des hommes les plus robustes de l'Europe. Le Maréchal de Noailles craignoit toujours qu'il ne comptât trop sur la force de son tempérament; & qu'il en abusât. Il auroit voulu, disoit-il, se liguer avec le Médecin pour lui donner quelques inquiétudes; il demandoit à être instruit exactement de son état; il promettoit de lui dire de bonne foi quand il pourroit vivre en homme parfaitement guéri; mais il vouloit qu'on ne le crût que lorsqu'il le diroit. L'amitié veilloit sur une santé si précieuse au royaume.

« Ma santé, répond le Général, n'est pas encore » assez bonne, mon maître, pour me donner aucune » licence que celles que la plaisanterie peut me » fournir. Je suis même d'avis de n'en jamais prendre » d'autres. Il y a des plaisirs de tout âge, & encore » faut-il qu'ils y soient assortis. Il n'y a que ceux » qu'un bon estomach peut fournir, qui ne soient » point sujets à cette variation, & qui constamment » soient de bonne compagnie. Vous jouissez de ce » bonheur, mon cher maître; & sans vous l'envier » & sans même l'espérer, je desire un si grand bien.

» Si on me calomnie, & si votre Docteur Sénac » m'accuse de la moindre chose, de quelque nature » qu'elle puisse être, c'est un méchant homme. Il » est inutile qu'il charge le pauvre malade, pour se » mettre à couvert des reproches assez incertains, » que le temps qui détruit tout, pourroit lui occa- » sionner, &c. ».

Dans leur commerce amical, les deux Maréchaux avoient toujours le bien public pour objet. Les conseils de l'un, les exploits militaires de l'autre, devenoient de jour en jour, plus nécessaires à la France. Malgré l'opposition de Louis XV, le Grand-Duc de Toscane venoit d'être élu Empereur. La Reine de Hongrie en étoit plus redoutable; & quoique le Roi de Prusse fût victorieux en Saxe, il falloit s'attendre que ses victoires même ne serviroient qu'à lui procurer une paix particuliere, telle qu'il pouvoit la desirer. A la vérité, le Prince Edouard faisoit des prodiges en Ecosse; on lui avoit envoyé quelques secours d'hommes & d'argent. Mais la haine pour les Stuart & pour leur Religion étoit si forte en Angleterre, que cet orage passager devoit nécessairement finir par la ruine du jeune Héros, & par un redoublement d'efforts contre ses protecteurs. Le Maréchal de Saxe le craignit, & communiqua ses craintes au Maréchal de Noailles.

« Vous êtes bon citoyen, lui dit-il, dans une » longue lettre de sa main : vous aimez le Roi & vous » aimez votre patrie; vous connoissez notre maître : » on le fait difficilement démordre de ce qu'il a en- » trepris : ne craignez-vous pas que cet embarque- » ment de Dunkerque ne nous engage dans un nou- » veau roman, qui pourroit être bien long à soutenir..? » Vous direz peut-être, de quoi je me mêle? mais » j'aime aussi le Roi & son royaume; & quoique je » ne dusse demander que plaie & bosse, la vérité » m'étrangle toujours. Je veux dire cette vérité, dont » le caractere est triomphant, & qui à la fin fait » triompher ceux qui la prennent pour conseil & » pour guide ».

Le Maréchal de Noailles n'avoit jamais bien auguré de ces entreprises contre l'Angleterre. Il avoue néanmoins dans sa réponse, que les succès du Prince Edouard ont tellement surpassé les espérances, qu'on ne sait plus quelles pourront en être les suites. « D'ail- » leurs on croit, dit-il, que la nation est en partie » revenue de sa frayeur par rapport à la religion, & » que les véritables Anglois aimeront mieux avoir

» un prétendant à Hanovre ou en Allemagne, que » d'en avoir un à Rome; parce qu'en ſuppoſant que » le Prince Edouard monte ſur le trône, il feroit bien » obligé de ſe laiſſer conduire par le Parlement; faute » de quoi, ceux qui auroient travaillé à l'y faire » monter, ſeroient des premiers à travailler pour l'en » faire deſcendre ». C'étoit la façon de penſer de la Cour, plutôt que celle du Maréchal de Noailles, comme il l'ajoute dans ſa lettre; & c'eſt encore une preuve que les préjugés de la Cour peuvent emporter la balance.

Elle deſiroit avec raiſon que le Maréchal de Saxe profitât, s'il étoit poſſible, du découragement des ennemis, pour étendre ſes conquêtes avant la fin de la campagne, & pour les forcer à ſe prêter aux vues pacifiques de Louis XV. Comme le Roi d'Angleterre venoit de repaſſer dans ſon Royaume, & qu'il devoit probablement rappeller une partie de ſes troupes, dont il auroit beſoin contre le Prince Edouard, la circonſtance paroiſſoit des plus favorables à ce projet. Le Maréchal de Noailles, chargé d'en écrire au Général, l'avoit fait dès le commencement de Septembre 1745, de maniere à ne point gêner ſon opinion : il lui propofoit la chofe, en l'avertiffant que c'étoit à lui de pefer les inconvéniens & les avantages.

Le Maréchal de Saxe témoigne, dans fa réponfe, une extrême répugnance pour des entreprifes d'hiver, qui affoibliroient l'armée, dont la confervation eft préférable à toute autre chofe. Il s'offre à faire des démonftrations tant qu'on voudra : il prendra peut-être Bruxelles, mais pourvu qu'on ne l'oblige point à le garder, & qu'il reprenne enfuite fa pofition derriere l'Efcaut : en un mot, il cherche toujours le folide ; il ne goûte poit ces projets trop hafardeux, qui, même après un fuccès brillant, amenent prefque néceffairement le repentir.

Le Maréchal de Noailles n'avoit pas d'autres principes ; mais il infifte fur l'idée de s'emparer de Bruxelles, dût-on le rafer enfuite. Outre que cette expédition auroit un certain éclat, dont les effets font toujours avantageux, elle cauferoit à l'ennemi un préjudice confidérable : Bruxelles deviendroit foumife aux contributions, ne pourroit plus être le fiege du Gouvernement des Pays-Bas : l'Adminiftration Autrichienne en feroit troublée ; & peut-être cela faciliteroit la prife d'Anvers pour la campagne prochaine.

On ne peut douter que ces raifons n'aient décidé

le Maréchal de Saxe. La prise de Bruxelles, au mois de Février 1746, fut un de ses exploits le mieux combiné & le plus vigoureusement exécuté. Avec vingt-huit mille hommes, il obligea une garnison de douze mille à se rendre prisonniere. Le Comte de Kaunitz, Gouveneur, lui ayant écrit pour demander les honneurs de la guerre, il motiva son refus d'une maniere également juste & adroite, capable d'intimider l'ennemi. « Je crains nos propres troupes, » dit-il; elles sentent leur supériorité, & jusqu'aux » soldats connoissent les défauts de cette grande ville, » que j'ignorois, & que peut-être Votre Excellence » ignore elle-même. Je crains donc que, dans une » attaque un peu vive, ils ne forcent de toutes parts » leurs Officiers à marcher; & lorsque je les saurois » une fois dedans, il faudra bien que j'aille à leur » secours. Jugez, Monsieur, du désordre & de la » confusion d'une telle circonstance. Il me feroit triste » que ma vie fût marquée par une époque telle que » l'est celle de la destruction d'une capitale. V. E. ne » sauroit croire jusqu'où le Soldat François pousse » l'industrie & la hardiesse. J'ai vu plusieurs fois, à » la reddition des villes, pendant qu'on régloit les » points de la capitulation, toute la ville se remplir

» de

» de ſoldats, ſans ſavoir par où ils y étoient entrés.... » Ils ſont comme des fourmis, & trouvent des en» droits inconnus aux autres. Jugez ce que ce feroit » dans des occaſions où ils auroient le pillage pour » but, & dans une place mauvaiſe par elle-même ».

Ce trait vaut mieux dans l'hiſtoire militaire que le journal ſtérile des tranchées. La modeſtie du vainqueur, après une ſi belle expédition, eſt encore plus remarquable. Il écrivit au Maréchal de Noailles: « Je » ſuis charmé du plaiſir que vous a donné la nouvelle » de cette conquête. C'eſt à vous qu'en qualité de » diſciple, il convient que j'en faſſe hommage : je » dois à ce que j'ai appris de mon maître une partie » de mes ſuccès; je me ferai toujours la gloire de » les lui attribuer ». Si ce n'étoient là que des complimens, je me garderois bien de les rapporter : mais puiſqu'il eſt certain que les conſeils du François dirigerent le Saxon, pourquoi douter de la reconnoiſſance de celui-ci?

La diſcorde qui ſe plaît ſur-tout à porter le déſordre dans le ſein des familles, étoit ſur le point, l'année ſuivante, d'armer le ſang contre le ſang. Louis, que la guerre affligeoit, malgré l'éclat de ſes triomphes, vouloit éviter une rupture ouverte avec le Roi d'Eſpagne;

le Maréchal de Noailles fut envoyé à Madrid en qualité d'Ambaſſadeur extraordinaire, pour négocier un accommodement. Perſonne ne pouvoit mieux remplir le rôle de conciliateur : il connoiſſoit les intérêts des deux Couronnes; Philippe lui devoit en quelque ſorte ſon trône, & les Eſpagnols leur Roi. Il ſe conduiſit à la ſatisfaction des deux Puiſſances, & fit en peu de temps ſuccéder le calme à l'orage.

Un mémoire que Philippe V remit au Maréchal de Noailles, pour le Roi ſeul, étoit une vive expreſſion de ſes ſentimens. Après y avoir rappellé tout ce qu'il devoit à la France, il expoſoit la juſtice de ſa guerre de Lombardie, ſes droits à cette partie de la ſucceſſion Autrichienne; & il ſe plaignoit en termes modérés du reproche d'ambition que lui faiſoient quelques-uns de nos Miniſtres. Voulant bien ſe déſiſter du Milanès & du Mantouan, qu'on lui avoit aſſurés par le traité de Fontainebleau, il ſe montroit perſuadé que le Roi procureroit un équivalent à Dom Philippe. Il diſoit que ſon honneur, que ſa tendreſſe pour la Reine, l'obligeoient de ne ſe départir jamais de l'article qui aſſuroit à cette Princeſſe, ſa vie durant, la jouiſſance de l'Etat de Parme. Pour maintenir l'Infant dans ſon partage, il propoſoit que les deux Couronnes lui fourniſſent, par moitié, un ſubſide annuel, d'autant plus conſidérable que ce partage ſeroit plus reſtreint. Il demandoit, comme la principale preuve d'amitié, que ſi l'Eſpagne manquoit un jour aux engagemens contractés pour l'Italie, Louis XV voulût bien y ſuppléer en cas de beſoin. En un mot, il mettoit « pour tous les temps, entre les mains du Roi ſon » neveu, le ſort de la Reine ſon épouſe, celui du » Roi D. Carlos & de l'Infant D. Philippe, les plus » tendres & les plus chers dépôts qu'il lui fût poſſible » de confier de ſon amour & de ſon cœur ».

Le Maréchal reçut du Roi & de la Reine les marques d'eſtime & de bonté les plus flatteuſes. Loin d'ambitionner la toiſon d'or pour le Comte de Noailles, compagnon de ſes travaux, il craignoit qu'elle ne lui fût donnée, & qu'elle ne parût avoir été un motif de ſon voyage; il auroit voulu du moins, ſi on lui accordoit cette faveur, que ce ne fût qu'après le départ. Pour ménager à l'un & à l'autre le plaiſir de la ſurpriſe, on fit une promotion exprès pendant leur ſéjour. Le Comte avoit reporté le Collier de ſon beau-pere, le Marquis d'Arpajon, qui s'étoit ſignalé en Eſpagne dans la guerre de 1701 : on le lui donna, & la Reine dit obligeamment : « Il n'y a pas d'exemple

» qu'un pere & un fils aient en même temps la toiſon » d'or; mais le Maréchal de Noailles eſt bien fait » pour les exceptions ». Il prit congé le 7 Juin, ayant rempli tout l'objet de ſon ambaſſade, & ayant des aſſurances poſitives que l'Eſpagne n'avoit aucune négociation particuliere avec la Cour de Vienne & celle de Londres.

Miniſtre d'Etat, il ſe borna depuis à s'occuper des affaires du Conſeil. Les avis qu'il y propoſa étoient ſages, lumineux & dirigés uniquement par l'amour du bien public : il eût été à ſouhaiter qu'ils euſſent toujours été ſuivis. La guerre s'étant rallumée de nouveau en 1756, il indiqua le plan de conduite qu'il lui paroiſſoit eſſentiel de tenir; tant qu'on ne s'en écarta pas, on eut du ſuccès. Il ne ſe retira du Conſeil que lorſqu'il vit les malheurs de la France, & qu'il ne lui fut poſſible d'en arrêter le cours.

Le Maréchal de Noailles ſervit encore l'Etat en préſidant long-temps, en qualité de Doyen, au Tribunal des Maréchaux de France, appellé ſi juſtement le Tribunal de l'honneur : il ne l'abandonna que trois années avant de mourir. Pendant qu'il y rendit la juſtice, il fut très-attentif à maintenir parmi les Militaires les véritables loix de l'honneur, qu'il ſut bien diſtinguer des préjugés qui en uſurpent ſouvent la place. Il ne s'appliqua pas moins à réprimer les déſordres affreux où entraine preſque toujours la paſſion funeſte du jeu, & à punir ſévérement, tant ceux qui en étoient les victimes, que ceux à qui la fortune avoit été trop favorable.

Le Maréchal de Noailles, dont le zele ne s'étoit jamais découragé, ſentit enfin que l'âge & les circonſtances l'obligeoient à ſe retirer du Conſeil.

Il écrivit au Roi, le 28 Mars 1756, cette lettre attendriſſante :

« SIRE,

« Après avoir vieilli au ſervice de Votre Majeſté, » & à celui du feu Roi votre auguſte biſaïeul, je » crains de ſuccomber bientôt ſous le poids des années » & des infirmités. Peut-être n'aurai-je plus dans peu » la force de ſentir mon état, moins encore le cou- » rage d'en faire le triſte aveu, & de prendre en con- » ſéquence le parti le plus convenable.

» Depuis long-temps, Sire, je me ſens combattre » par deux ſentimens oppoſés. A ne conſulter que

» les mouvemens de mon cœur, ainſi que le zele » & l'attachement que j'ai voués à Votre Majeſté dès » l'inſtant de ſa naiſſance, tout me porteroit à ne » m'éloigner jamais de ſa perſonne.

» Mais la raiſon & les plus ſérieuſes réflexions me » font ſentir que l'heure de la retraite eſt enfin ar- » rivée. Mes forces ne répondent plus à mon zele. » Votre Majeſté eſt témoin elle-même d'une ſurdité » qui augmente chaque jour ; ma vue s'affoiblit : j'ai » beaucoup de peine à écrire, & même à lire. Mes » jambes fléchiſſent & ne ſupportent qu'avec peine » le poids de mon corps. Ce qu'il y a de plus eſſentiel, » c'eſt que les facultés de l'eſprit dépériſſent avec » celles du corps. Ma mémoire ſe perd : j'ai ſouvent » peine à rappeller les noms propres les plus ordi- » naires : je n'ai plus l'eſprit auſſi préſent : les idées » ſont lentes à s'offrir & plus difficiles à ſe mûrir & » à ſe combiner. En un mot, Sire, je ſens tous les » avant-coureurs de la décrépitude, qui m'annoncent » que je ne dois plus m'occuper que du dernier avenir » & du ſoin de m'y préparer.

» Voilà, Sire, dans la plus exacte vérité l'état où » je me trouve. Je tremble de végéter au milieu de

» votre Cour, d'y faire un perſonnage indécent, » d'y devenir à charge; & je n'enviſage rien de plus » humiliant que de ſe ſurvivre à ſoi-même, & de » ternir ainſi la fin d'une longue carriere.

Tous ces motifs m'engagent, Sire, à ſupplier » Votre Majeſte de me permettre de paſſer dans la » retraite & le repos les reſtes d'une vie qui a été » uniquement conſacrée à ſon ſervice & à celui de » ſon Etat.

» J'oſe cependant, Sire, demander à Votre Ma- » jeſté de me conſerver mon appartement, afin que » j'aie la conſolation de pouvoir pluſieurs fois dans » l'année lui préſenter mes hommages, & qu'elle » daigne permettre au plus vieux de ſes ſerviteurs » d'approcher de ſa perſonne, & de compter au » nombre de ſes jours heureux ceux auxquels il aura » la ſatisfaction de voir un maître, qu'il a toujours » également chéri & reſpecté.

» Du fond de ma retraite, je ne ceſſerai, Sire, » d'offrir mes vœux pour la gloire, le bonheur & la » tranquillité de Votre Majeſté.

» Conſervez-moi, Sire, vos précieuſes bontés. » Ne doutez jamais de ma parfaite reconnoiſſance de

» celles dont je vous ſuis redevable, ainſi que de toutes » les graces que j'ai reçues de Votre Majeſté. Je la » conjure de rendre juſtice à l'attachement ſincere, » au zele ardent que j'ai toujours pour ſon ſervice, » que l'âge ne peut éteindre ni amortir, & qui ſera » toujours profondément gravé au fond de mon cœur » juſqu'à mon dernier ſoupir ».

Réponſe de la main du Roi.

« Mon couſin, quelque peine que je reſſente d'être » privé des conſeils & des marques d'un attachement » qui m'étoit auſſi agréable qu'utile, je ne puis qu'ap- » plaudir au parti que votre ſageſſe vous fait prendre, » & je vous accorde la permiſſion que vous me de- » mandez de vous retirer. Je vous accorde auſſi celle » de garder votre appartement ici, & deſire que vous » en faſſiez uſage long-temps, & que vous jouiſſiez » encore bien du temps de la juſtice que je rends à » vos anciens ſervices, & à votre attachement à ma » perſonne depuis le jour de ma naiſſance; mes bontés » & ma bienveillance en ſeront toujours le prix. Sur » ce, je prie Dieu, &c. A Verſailles, le 13 Avril » 1756 ».

C'étoit

C'étoit le temps où les passions prenoient le plus d'empire à la Cour. Le Maréchal de Noailles y devoit paroître déplacé; mais Louis XV conserva pour lui les sentimens qu'il méritoit.

A la fin de 1758, le Maréchal le pria de faire passer la charge de Capitaine des Gardes au Duc d'Ayen son fils, & d'en accorder la survivance à son petit-fils le Comte (aujourd'hui Duc) d'Ayen. Après avoir donné pour motifs son âge de 80 ans, & les services rendus dans cette charge par quatre générations consécutives de sa famille, pendant le cours de cent dix années, il ajoute : « Je ne tomberai » pas, Sire, dans l'inconvénient & le ridicule des » peres & grands-peres, en vous exaltant le mérite » & les talens du Comte d'Ayen : je me bornerai à » dire simplement à Votre Majesté que jusqu'à présent » nous n'avons reconnu en lui que des dispositions » qui peuvent nous annoncer de quoi faire un très- » bon sujet. Il est capable d'application ; on a été » content de lui aux camps de paix, où il a été » avec son régiment. Il a depuis fait deux campa- » gnes, pendant lesquelles, je ne craindrai pas de » le dire, personne n'a montré plus de volonté ni » plus d'ardeur pour le métier de la guerre. J'espere,

» Sire, avec confiance, que Votre Majesté ne fera
» pas moins éprouver de bontés à ma race, que le
» feu Roi en a fait éprouver à mes ancêtres. Mon
» pere n'avoit qu'environ douze ans lorsque Louis XIV
» lui donna la survivance de mon grand-pere ».

Le Roi connoissoit l'abus des survivances : il avoit résolu de le réformer, résolution qui fut peu solide. Mais il jugea, & le public ne pouvoit juger autrement, que ce cas particulier étoit des plus favorables. Sa réponse mérite d'être conservée; la négligence même du style y semble peindre son caractere.

« Mon cousin, vous savez la répugnance que j'ai
» d'accorder des survivances, votre fils sur-tout étant
» plus jeune que moi, & par conséquent devant
» durer plus long-temps. Cependant les services de
» votre famille depuis plus d'un siecle, les vôtres
» rendus à mes peres & à moi, ainsi que votre atta-
» chement à ma personne, me déterminent à vous
» accorder la grace singuliere & derniere que vous
» me demandez. Heureusement le sujet est dans sa
» vingtieme année, (car vous savez qu'à mon âge
» les enfans ne nous vont plus) & qu'il promet;
» & malgré vos quatre-vingts ans accomplis, je me

» flatte que vous lui apprendrez encore du temps à » me bien ſervir & fidélement. Vous ſavez qu'à » chaque mutation je diminue les brevets de retenue. » Ainſi je n'en donnerai qu'un de 400,000 livres » au Comte d'Ayen votre petit-fils, bien entendu » que s'il lui arrivoit malheur avant ſon pere, & » que je n'accorde pas ſa charge dans ſa famille, » celui qui lui ſuccéderoit payeroit les 500,000 liv. » en entier à la ſucceſſion du Duc d'Ayen. Un auſſi » zélé & auſſi vieux ſerviteur peut & doit toujours » compter ſur mes bontés & ſur mon amitié : priant » Dieu qu'il vous ait, mon couſin, en ſa ſainte & » digne garde. A Verſailles, le 30 Décembre 1758 ».

Si le Maréchal de Noailles avoit à cœur l'intérêt de ſa famille, c'étoit par le mérite qu'il vouloit qu'elle ſoutînt ſon élévation; & il ne connoiſſoit de mérite pour les honneurs, que celui dont la vertu, jointe aux talens, eſt la bâſe. Le Comte d'Ayen, allant pour la premiere fois commander ſon régiment au camp de paix qui ſe formoit ſur la Sambre, en 1755, il lui donna une inſtruction digne de paſſer à la poſtérité; la religion y étoit pure & ſans ſuperſtition, la grandeur d'ame modeſte & généreuſe, l'art de gagner les cœurs ſans intrigue ni foibleſſe, la ſcience des devoirs unie à la ſcience du monde ; en un mot, tout ce qui devoit conduire ſon petit-fils à une réputation auſſi ſolide que brillante.

Les traits qu'on vient de raſſembler, prouvent évidemment que le Maréchal de Noailles réuniſſoit dans un degré ſupérieur tous les talens de l'homme public. Comme particulier, il ne fut pas moins digne de fixer les regards de la poſtérité.

L'humanité, cette vertu que chacun admire & qu'on exerce ſi peu, fut toujours l'ame de ſes actions : il fut le pere des Soldats, l'ami des Officiers, & n'abuſa jamais de la victoire.

Ses ſuccès, ſa naiſſance, enfin cette grande ſupériorité qu'il avoit dans preſque tous les genres, ne furent point des écueils pour ſa modeſtie : il laiſſoit à la médiocrité le ſoin de ſe vanter. Il ſavoit s'eſtimer ſans doute, il le devoit ; mais il ne parloit de lui qu'avec une réſerve ſinguliere ; & comme il n'étoit pas dans le cas d'être flatté pour être loué, les éloges l'importunoient.

Il n'aimoit point à repréſenter ; mais quand les

circonſtances l'exigeoient, il s'en acquittoit avec dignité. Il ſupportoit difficilement le luxe dans les autres, & ſe piqua toujours de la plus grande ſimplicité : il étoit paré de ſes vertus.

Le Maréchal de Noailles étoit ſenſible ; il devoit être bienfaiſant. Il ſuffiſoit d'être malheureux pour avoir des droits ſur ſa générosité : ſa Province & ſon Gouvernement en ont ſouvent reſſenti les effets. Il s'intéreſſoit ſur-tout à cette partie précieuſe de l'Etat, qui, aux avantages de la naiſſance, ne réunit pas toujours les faveurs de la fortune, & faiſoit répandre ſur elle les graces qui émanent du Souverain. Il portoit aux pieds du trône les plaintes des Sujets opprimés, qui y parviennent ſi difficilement ; il leur ſervoit d'appui, de défenſeur, & leur faiſoit rendre la juſtice qui leur étoit due. Le Laboureur jouiſſoit à ſes yeux de la plus grande conſidération : il ne pouvoit voir ſans indignation que celui qui s'occupe ſans ceſſe de notre exiſtence, manquât ſouvent des moyens de ſoutenir la ſienne, & s'empreſſoit d'eſſuyer ſes larmes & de ſoulager ſes beſoins.

Le mérite étoit sûr de trouver un accès facile auprès de lui : il l'aidoit même de ſes ſecours, & ſe faiſoit un plaisir d'aller les lui offrir, pour lui sauver l'embarras de venir les réclamer. Il encourageoit les talens, non point en grand Seigneur qui ne cherche qu'à les protéger, mais en homme éclairé, qui sait les apprécier, & en Citoyen plein de zele, qui honore tout ce qui peut tourner à la gloire & à l'utilité de son pays.

Son génie ne pouvoit rester dans l'inaction. En donnant à l'étude des Sciences & de la Littérature les instans de loisir que lui laissoient ses occupations importantes, ou en composant lui-même une infinité d'Ouvrages excellens, qui ne sont que ses actions réduites en principes, il faisoit revivre ces exemples si fréquens parmi les grands Capitaines de l'Antiquité, & si peu suivis de nos jours : c'étoit César travaillant à ses Commentaires après la conquête des Gaules.

Obligé par son rang, ses emplois & ses devoirs, de vivre continuellement à la Cour, il y conserva toujours une ame incorruptible. Il louoit volontiers, mais il ne flattoit jamais, pas même son Prince. Il évitoit soigneusement les intrigues & les cabales qu'il méprisoit, & son esprit ne s'y prêta jamais. Il mérita d'avoir des envieux ; mais il ne fut ennemi de perſonne.

Le Maréchal de Noailles étoit d'un commerce sûr, & ſa ſociété pleine de douceur & d'agrément ; ſa converſation vive, enjouée, étoit également inſtructive. Il parloit de tout avec une aiſance qui lui étoit propre, mais ſans humilier perſonne, & ſans afficher l'importance ou le ſavoir. Il écoutoit les autres avec beaucoup de complaiſance & d'attention, prenoit le ton de ceux avec leſquels il ſe trouvoit, & ſe mettoit toujours à leur portée. A l'exemple de Socrate, il vouloit trouver de l'eſprit à tout le monde.

Il ne fut pas moins grand au milieu de ſa famille, en la gouvernant par les loix de la confiance & du ſentiment & méritant d'en être adoré, que gagnant des batailles à la tête des armées, & ſe faiſant craindre de l'ennemi. Lorſqu'il s'aſſocia la Maréchale de Noailles, c'étoit autant pour l'eſtimer, l'aimer & faire ſon bonheur du ſien, que par le deſir de perpétuer ſon nom. Auſſi bon pere que vertueux époux, il prit le plus grand ſoin de l'éducation de ſes enfans, à laquelle il veilla lui-même, & ne paſſa jamais d'inſtans plus agréables que ceux qu'il partageoit avec eux.

Le Maréchal de Noailles se montra toujours très-attaché à la Religion ; il ne cessa jusqu'à la fin de ses jours de la respecter dans ses discours, & de la soutenir par ses exemples : libre de soins & de toutes sortes d'emplois, il en fit même, pendant les trois dernieres années de sa vie, le principal objet de sa méditation.

Il dit alors à la Cour un éternel adieu : dans ses instans de repos, il alloit fort souvent se promener à la place de Louis le Grand, à celle de Louis XV, & se rappelloit avec plaisir, à la vue des Statues qui les décorent, des traits fortement gravés dans son cœur. Quelquefois, dirigeant ses pas vers l'Hôtel des Invalides, il y revoyoit avec transport de vieux Soldats témoins, auteurs & compagnons de sa gloire. Son ame n'étoit pas moins émue toutes les fois qu'il paroissoit à l'Ecole Militaire : il aimoit à se représenter comme autant de Héros tous ces jeunes Athletes que la bienfaisance du Prince qui nous gouverne, éleve pour la défense de la Patrie. Il s'entretenoit, pendant ses promenades, avec ceux qui l'accompagnoient, des affaires du Gouvernement ; se réjouissoit de ce qui lui arrivoit d'heureux, s'affligeoit de ses calamités,

&

& ne cessoit de faire des vœux pour la félicité des peuples.

Pendant sa retraite, il eut continuellement à gémir sur les maux publics, sur les revers & les humiliations de la France. La vieillesse ne refroidissoit point son zele. Il prenoit aux événemens un vif intérêt, moins de curiosité que de patriotisme. Modeste & réservé dans ses propos, ardent néanmoins pour la gloire du Roi, pour le maintien de l'autorité royale, pour l'honneur de la nation, tous les sentimens qu'il faisoit éclater étoient dignes de ses lumieres & de ses vertus.

Loin du tumulte & des affaires, sa principale occupation fut de mettre en ordre une prodigieuse quantité de manuscrits, dont la plus grande partie étoit le fruit de ses travaux. Il s'amusoit à *paperasser*, disoit-on : plusieurs papiers de ses recueils sont à la vérité fort inutiles ; mais cette surabondance a sauvé tout ce qu'il y avoit de précieux ; le triage eût sans doute occasionné des pertes. Il connoissoit l'utilité de l'histoire : il en faisoit son étude & son plaisir : je ne doute pas qu'il n'eût en vue de rassembler des matériaux pour celle de son siecle : c'est un nouveau sujet de reconnoiſſance & d'éloges. On l'exhorta ſouvent à écrire ſes propres Mémoires : il s'en défendit toujours, en répondant qu'il auroit trop de mal à dire de quelques perſonnes, & trop de bien de lui-même. Si je ne me trompe, la lecture de cet Ouvrage fera juger qu'il avoit raiſon.

Sa bienfaiſance fut toujours active ſans chercher l'éclat. Il ſaiſiſſoit avec ardeur l'occaſion de rendre ſervice ; il s'eſtimoit heureux de conſacrer une partie de ſon revenu à ſoulager les beſoins d'autrui : ſes bienfaits étoient d'autant plus dignes de reconnoiſſance qu'ils étoient moins connus.

L'envie ne lui pardonnoit pas ſa fortune. Cependant toutes ſes charges venoient de ſon pere ; & pour peu qu'on réfléchiſſe au pouvoir & au crédit qu'il avoit eu, il ſera bien difficile de refuſer des éloges à ſon déſintéreſſement. Ses biens libres furent entiérement conſumés au ſervice du Roi pendant ſes campagnes.

C'eſt par les vertus domeſtiques, ces vertus ſi douces, ſi reſpectables, & ſi rares au milieu des grandeurs & des richeſſes, qu'il ſe conſoloit des chagrins dont il ne pouvoit ſe garantir. Fils reſpectueux

& tendre, bon mari, excellent pere, il trouva dans ſa famille les ſentimens les plus propres à ſatisfaire ſon ame. Puiſſe l'union entre les peres & les enfans, toujours inaltérable dans cette grande famille, ſervir de modele à toutes les claſſes de la ſociété !

Tels furent les ſentimens dans leſquels le Maréchal de Noailles vit ſa derniere heure s'approcher. Il mourut à Paris en 1766, entouré de ſes enfans qui pleuroient un ami, & réuniſſant les années & la ſageſſe de Neſtor.

Il avoit épouſé, en 1698, Françoiſe d'Aubigné, dont il eut ſix enfans : Louis, Duc de Noailles ; Philippe, Comte de Noailles ; Françoiſe-Adélaïde, Amable-Gabrielle, Marie-Louiſe, & Marie-Anne-Françoiſe de Noailles.

Le Maréchal de Noailles n'eſt pas mort tout entier, il revit aujourd'hui dans ſes fils & dans ſes petits-fils qui, en héritant de ſon nom, ont hérité de ſes vertus.

FIN.

[illegible]VERTISSEMENT[illegible]

RELATIF à la Galerie universelle des [illegible] & des Femmes célèbres.

L'ACCUEIL plein d'indulgence que le Public daign[illegible] [illegible] *Galerie universelle des Hommes & des [illegible] célèbres*, est un véhicule trop encou[illegible] par [illegible] avec une activité soutenue cet Ou[illegible] On est libre de souscrire pour la collection [illegible] commencer à l'époque qu'on choisit à son goût. On en trouve des Exemplaires chez M. le Comte DE [illegible] PLATIERE, en son Hôtel, rue Mêlée, [illegible] GODEFROY, Libraire, quai des Augustins[illegible]

www.ingramcontent.com/pod-product-compliance
Ingram Content Group UK Ltd.
Pitfield, Milton Keynes, MK11 3LW, UK
UKHW031951260826
14628UKWH00004B/1987